Pierre Stutz

Jeder Mensch hat einen Stern

Inspirationen zur Advents- und Weihnachtszeit

Für Theresa & Thomas

als

Erinnerung

herzlich

Jolene

1. November 2020

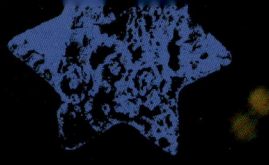

Inhalt

Sternstunden werden uns geschenkt

Die zunehmende Hektik der Advents- und Weihnachtszeit entfernt uns Menschen von einer grund-legenden Erfahrung, nach der unsere Seele immer verlangt, die Erfahrung der Wunschlosigkeit, des Seindürfens, des Angenommenseins. Wie bereichernd wäre es für uns alle, wenn wir auf den wahren Geschmack des Lebens kommen würden, auf diese unbezahlbare Gabe einer inneren Zufriedenheit, die uns in uns selber ruhen lässt.

Diese Ruhe ist voller Beziehungskraft und Lebensfreude, voller Mitgefühl und Kreativität. Diese Ruhe gewöhnt sich nicht an Ungerechtigkeiten, sondern sie nährt unsere Sehnsucht nach echtem, tiefem Leben für alle.

Sinnvolle Geschenke können diese Sehnsucht nach Angenommensein ausdrücken, entscheidend ist für mich die Einsicht, dass das Wesentliche nicht kaufbar ist, sondern mir tief geschenkt wird im mutigen Innehalten, damit ich in der Leere eine große Fülle entdecken kann.

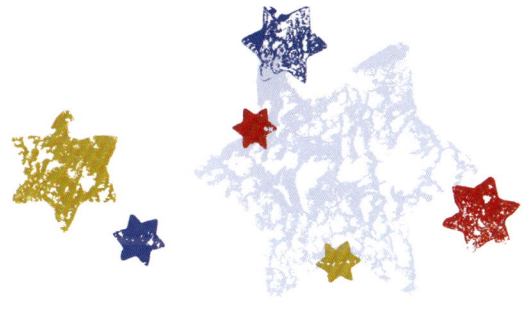

Sternstunden werden uns geschenkt,
wenn wir den inneren Stern in uns neu
entdecken und leuchten lassen.

Sternstunden berühren uns zu einer tiefen
Freude, die uns einlädt, jeden Tag ein „Danke"
zu sagen.

Sternstunden bestärken uns, unsere Tränen
fließen zu lassen.

Sternstunden verwandeln uns zu Liebenden,
die im Fluss des Lebens Kraftvolles und Schweres
miteinander teilen.

Sternstunden stiften Gemeinschaft, wenn wir
miteinander unter dem Sternenhimmel jenen
Hoffnungsstern entdecken, der viele zu einem
Aufbruch für mehr Menschlichkeit und Toleranz
bewegt.

Im Einklang sein ⭐

„Der Mensch, den ich suche und erwünsche, ist der, der sowohl der Gemeinschaft wie des Alleinseins, sowohl der Tat wie der Versenkung fähig ist", schreibt der Schriftsteller *Hermann Hesse* (1877–1962) im Dezember 1954. Mit Entschiedenheit einen inneren Weg gehen, bedeutet nicht, sich gegen andere abzugrenzen, sondern lebensfördernde Grenzen zu setzen für einen gesunden Lebens- und Arbeitsrhythmus, zum eigenen Aufblühen und zum Wohl der ganzen Gemeinschaft, Grenzen- und Maßlosigkeit bergen in sich die Gefahr, sich zu verlieren, zu funktionieren, nur zu reagieren und sich leben zu lassen. Tat und Versenkung müssen keine Gegensätze sein, sie ergänzen, inspirieren, korrigieren und beleben einander.

„Je gesammelter ein Mensch in seinem Innersten lebt, umso größer ist die Ausstrahlung, die von ihm ausgeht", sagt die Mystikerin *Edith Stein* (1891–1942). Wer mitgestalten möchte an einer Welt, die zärtlicher und gerechter wird, der ist auf die Lebenskunst der inneren Sammlung angewiesen. Wir unterschätzen unser Potenzial, auch durch unsere Meditation zu einem friedvolleren Miteinander mitwirken zu können. Im Einklang mit uns selbst zu sein kommt allen, auch der Schöpfung, zugute. Unsere hektische Welt braucht Frauen und Männer, die aus ihrer inneren Mitte leben. Nicht nur im Handeln, sondern auch in der Kraft der Sammlung kann die Leuchtkraft unseres inneren Sternes noch mehr durch uns scheinen. Seine Strahlen werden uns und andere beglücken.

DEIN WEG NACH INNEN

Dein Weg nach innen
lässt dich klarer sehen
wie tief du eingebunden bist
in Schöpfung und Kosmos

Dein Weg nach innen
führt dich zur Quelle deiner Freude
zu einer staunenden Dankbarkeit
über das Geschenk des Lebens

Dein Weg nach innen
beflügelt dich zu einem einfachen Leben
du verlierst dich nicht mehr im Außen
findest die Spur zum Glück in dir

Mein innerer Stern

Der schwedische Regisseur *Ingmar Bergman* (1918–2007) erzählt in einem Interview, dass es für jede Filmszene Einfachheit, Konzentration, perfekte Kenntnis und technische Genauigkeit brauche. Das Entscheidende sei jedoch nicht machbar. Es sei der innerste Lebensfunke, der je nachdem auftauche oder auch nicht. Diese wenigen Worte verdichten für mich den Inhalt eines spirituellen Weges: mitten im Leben stehen und Verantwortung übernehmen und zugleich offen sein für den innersten Lebensfunken, der wesentlich und unkontrollierbar ist. Darum brauchen wir jeden Tag kleine Zwischen-Räume, ein tiefes Durchatmen, damit unser innerster Lebensstern im Auf und Ab unseres Alltags, im Vertrauen und Zweifeln, durch uns leuchten kann.

Mein innerer Stern blendet mich nicht. Er bringt meine Talente ans Licht. Mit einer besonderen Wärme erhellt er auch meine dunklen Seiten. Sein Vertrauenslicht ermutigt mich, zu meinen Widersprüchen und Fehlern zu stehen. Wenn sie sein dürfen, muss ich sie nicht mehr verstecken und kann authentisch werden, befreit zur Unvollkommenheit. Meine erhellte Dunkelheit nährt mein Mitgefühl mit anderen Menschen, die auch zu sich stehen, zu ihrem Licht und zu ihrem Schatten. In unserer Menschwerdung können wir erahnen, dass Gott sich in uns gebiert. Bei ihm zählt nicht, was war, sondern wie wir jetzt sind. Dieses Ja zu uns selbst eröffnet uns einen Weg der Menschlichkeit, auf dem wir in wohlwollender Konfliktfähigkeit miteinander unterwegs sind.

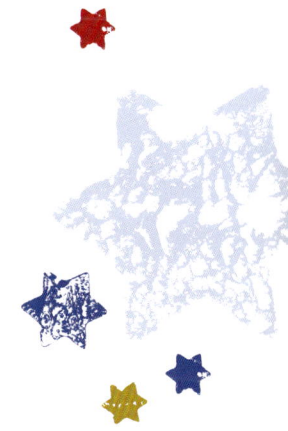

HEUTE

Heute stehe ich zu mir
zu meiner Lebenslust und
meiner Verletzlichkeit

Heute stehe ich gerade
für mein Leben
atme tief ein und aus

Heute halte ich inne
schließe die Augen
sehe meinen inneren Stern

Heute danke ich
für den Hoffnungsstern
der zum Handeln bewegt

LEUCHTKRAFT

Die Leuchtkraft meines inneren Sternes
lässt mich zu meiner Verunsicherung stehen
von innen her werde ich aufgerichtet
zu meiner einzigartigen Einmaligkeit

Die Vertrauenskraft meines inneren Sternes
befreit mich zu einem Menschsein
in dem auch meine Widersprüchlichkeit
als Wachstumschance gesehen wird

Die Hoffnungskraft meines inneren Sternes
stärkt mein Mitgefühl mit all den Menschen
die an sich selbst zweifeln
weil sie zu oft verbogen worden sind

Die Leuchtkraft unseres inneren Sternes
erzählt vom großen JA in unserem Herzen

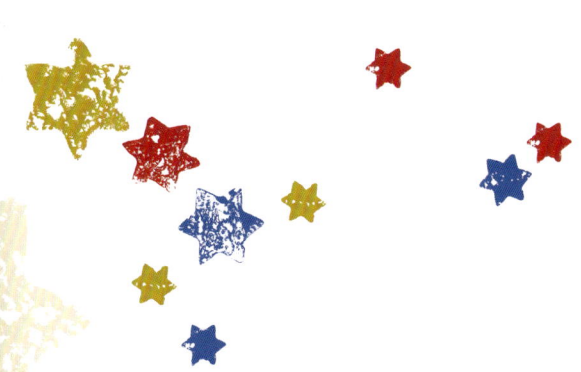

Zum Teilen bewegt

„Entscheidend im Leben ist, dass wir immer schon Gefundene sind", sagt die Mystikerin *Dorothee Sölle* (1929–2003) in ihrem letzten Vortrag zum Thema „Gott und das Glück". Eine Lebensgrund-Haltung, die uns befreit von einem ständigen Leistungsdruck. Unsere Lebensaufgabe zeigt sich uns auch, wenn wir uns finden lassen vom berührenden Entgegenkommen Gottes, das immer schon in uns da ist als sprudelnde Lebenskraft. Diese Zusage befreit zum Teilen von Lebensfreude, Zweifel, von Talenten und Unsicherheiten. In der Adventszeit ist es der Nikolaustag, der vom Glück erzählt, das sich uns dann auftut, wenn wir teilende Menschen werden.

Glücklich ist der Mensch, der sich von der Not anderer Menschen bewegen lässt und Zeit, Geld, Zuwendung, Wissen und Hoffnung teilt. Sein Glück wird ansteckend sein und Kreise ziehen.

Ich selbst werde ich als Mit-Teilender. Mein innerer Stern erinnert mich daran, dass ich zum Segen werde für andere, wenn ich mein Licht leuchten lasse, wie Kinder es tun, und wenn ich meine Dünnhäutigkeit nicht mehr überspiele. Mein innerer Stern erleuchtet meinen Pfad zum Glück mit der Aufforderung, mein Wissen, mein Geld, meine Macht zu teilen mit Menschen in Not. Ein sympathischer Gott wird durch unser großzügiges Herz mitten in Krieg und Ungerechtigkeit erfahrbar als Hoffnungskraft. Es gibt Wege aus scheinbar ausweglosen Krisen, wenn Menschen solidarisch aufbrechen, bewegt vom inneren Hoffnungsstern. Machtzirkel lassen sich aufbrechen, wenn wir auf die Macht der Ohnmächtigen vertrauen.

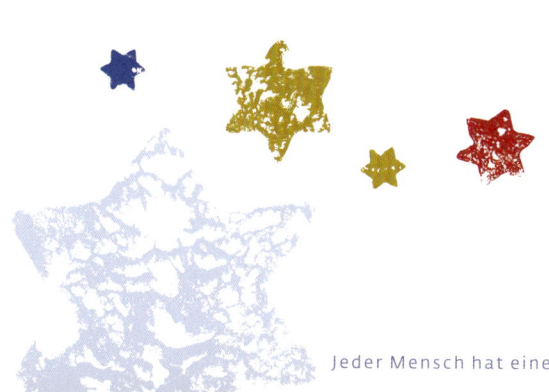

MAGNIFICAT

Meine Seele preist die Lebendige
alle Tage und Nächte meines Lebens

Im Licht meines inneren Vertrauens
stelle ich mich aufrecht auf meine Füße
entschieden breche ich auf
für die Würde aller Menschen

Im Licht meines inneren Friedens
zerstreuen sich lähmende Gedanken
die sich gewöhnt haben
an hungernde Menschen

Unser innerer Hoffnungsstern
durchbricht unsere Ohnmacht
Entrechtete solidarisieren sich
Mächtige verlassen ihre Paläste

DU bist unser Hoffnungsstern

Nach Lukas 1,46–55

Tanzender Stern

„Ich sage euch, man muss noch Chaos in sich haben, um einen tanzenden Stern gebären zu können", schreibt *Friedrich Nietzsche* (1844–1900) in „Also sprach Zarathustra". In diesen Worten sehe ich die Aufforderung, uns nicht von großen Stars blenden zu lassen, sondern unsere eigene Kreativität zu entfalten. Dazu braucht es die Lebensweisheit, das Chaos in sich als Nährboden zu sehen, um künstlerisch tätig zu sein, auf ureigene Art und Weise. Unsere Welt wird farbiger und toleranter, wenn wir die Enge eines oberflächlichen Konsumierens verlassen und schöpferische Räume erkunden, in denen wir durch unsere einzigartige Ausdrucksweise einen „tanzenden Stern" in uns gebären, der uns zur Gastfreundschaft bewegt.

ZÄRTLICHES BERÜHRTSEIN

In deinen Augen funkelt ein Stern
der unsere erotische Lebenskraft
als Geschenk des Himmels
fließen und uns auskosten lässt

In unseren Herzen leuchtet ein Stern
der uns zu Liebenden verwandelt
weil unsere Ängste und Zweifel
von innen her aufgeweicht werden

In unseren Berührungen fließt
ein bezauberndes Licht
das uns zur Zärtlichkeit bewegt
die mitfühlende Kreise zieht

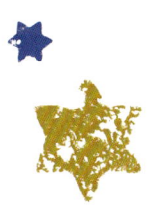

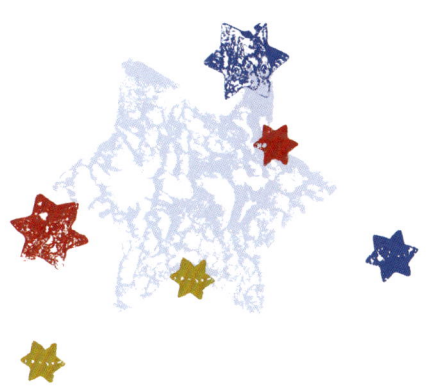

WÄRMENDES LICHT

In unseren Begegnungen
in unserem Lachen und Weinen
leuchtet unerwartet ein Stern auf
der aus dem Ewigen aufscheint

In unseren Beziehungen
in unserem Arbeiten und Genießen
scheint vertrauensvoll ein Stern auf
der unsere einmalige Würde aufzeigt

In unserem Ringen und Streiten
in unserem Leiden an Ungerechtigkeiten
erhellt ein wärmendes Licht
unseren Aufbruch zum Frieden

Dem Hoffnungsstern folgen

„Binde deinen Karren an einen Stern", schreibt *Leonardo da Vinci* (1452–1519). Zeitlose Worte, die uns inspirieren können, anders mit der Härte des Lebens umzugehen. Bei den täglichen Nachrichten zweifle ich oft an meiner verrückten Hoffnung, dass es keinen gottlosen Menschen gibt, weil kein Mensch Gott loswerden kann. Die Brutalität, die Menschen einander, den Tieren und der ganzen Schöpfung antun können, lässt mich immer wieder zweifeln. Dann versuche ich, meinen Karren voller Verunsicherung an einen Hoffnungsstern zu binden. Meine Fragen sind dann nicht einfach weg, doch es wird leichter. Ich erinnere mich, wie Unmögliches möglich wurde, weil viele Menschen Gottes Traum einer menschlicheren Welt träumen und immer wieder verwirklichen.

Wenn Menschen mich nach meinem Hoffnungsgrund fragen, dann leihe ich mir meistens einige Worte von *Meister Eckhart* (1260–1328) aus, dem Mystiker aus Erfurt. In seiner Weihnachtspre-

digt sagt er, dass die Menschen sich irren, wenn sie meinen, die Menschwerdung Gottes habe nur in Betlehem stattgefunden: Sie geschieht auch heute in uns! Dieses Hoffnungsbild suche ich im Advent und an Weihnachten erneut zu verinnerlichen, damit es dann das ganze Jahr mein Sein und Handeln stärken kann. Ich bin im Innersten tief berührt, wenn ich in all meinen Lebensvollzügen das Ereignis Gottes in mir erahnen kann. Gott gebiert sich in uns, in unserem Lachen und Weinen, in unserer erotischen Lebenskraft, in unserem Mitgefühl und in unseren Zweifeln. Diesem Hoffnungsstern folge ich gerne.

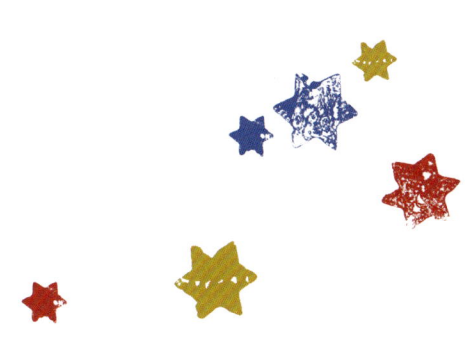

MORGENSTERN

Den Morgenstern begrüßen
als kraftvolle Ermutigung
sich nicht leben zu lassen
in den alltäglichen Fragen

Den Morgenstern begrüßen
als heilsame Erinnerung
sein Licht nicht zu verstecken
sondern es leuchten zu lassen

Den Morgenstern begrüßen
als klare Begrüßung
heute mitschöpferisch zu sein
für Frieden und Gerechtigkeit

Den Morgenstern begrüßen
einfach da sein dürfen
tief ein- und ausatmend
danken für das Geschenk des Lebens

Göttliches Licht ⭐

Mein Selbstwerdungsprozess bewegt sich zwischen zwei Polen, zwischen Angst und Liebe. Mein innerer Vertrauensstern bestärkt mich, in einen Dialog zu treten mit meiner Angst: Ich lade sie ein zu einem Gespräch auf Augenhöhe. Ich befrage sie nach ihrem tieferen Grund. Ich setze ihr Grenzen, indem ich ihr klarmache, dass sie nur ein Teil von mir ist. Ich erzähle ihr von der verwandelnden Kraft der Liebe, die mir geschenkt wird in Begegnungen, in denen wir einander unsere Ängste mitteilen können.

Sterne sind kaum isoliert. Sie sind mehrheitlich Bestandteile eines Doppelsterns oder eines Planetensystems. Wenn ich meinem inneren Stern folge und wenn ich meinen Hoffnungsstern am Himmel entdecke, dann werde ich daran erinnert: Ich bin eingebunden in eine größere Wirklichkeit. Der Lebensatem Gottes verbindet mich mit Schöpfung und Kosmos. Die Quantenphysik hat eine Verbundenheit von allem mit allem entdeckt: Nicht der Stoff, sondern die Beziehung ist in dieser Vernetzung das Entscheidende. Dieser Blick stärkt mein Selbstbewusstsein und meine Solidarität. Ich verstecke mein Licht nicht mehr, weil es nicht mein Licht ist, sondern das göttliche Licht, das alles durchflutet.

FOLGE DEM STERN

Folge dem Stern in dir
geh durch deine Ängste hindurch
zum inneren Ruheort
wo du endlich einfach sein darfst

Folge dem Stern über dir
sein Funkeln entdeckst du
in herzlichen Begegnungen
mit Menschen und Tieren

Folge dem Stern in dir
lass dich zur Liebe verwandeln
in wohltuender Konfliktfähigkeit
im befreienden Lachen

Folge dem Stern über dir
lass deine enge Sicht weiten
erinnere dich an den Lebensatem
der Schöpfung und Kosmos beseelt

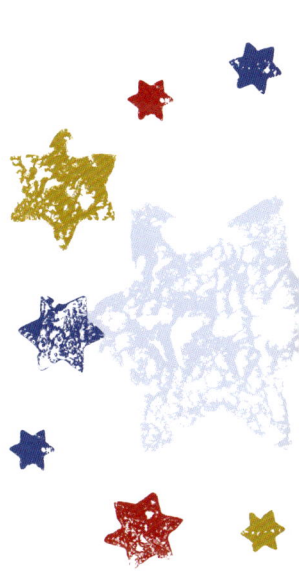

Die Sterne sind mein Gebet

Beten ist nicht das Bemühen, Gott zu erreichen,
sondern ein wohltuendes Aha-Erlebnis, dass
sein Licht uns bewohnt und verbindet mit Schöpfung und Kosmos. „Lobt ihn, Sonne und Mond,
lobt ihn, all ihr leuchtenden Sterne", heißt es
in Psalm 148,3. Unser Alltag wird verwandelt,
wenn wir uns regelmäßig ein liebendes Innehalten gönnen, indem wir uns erinnern, dass
Sonne, Mond, Sterne, Wasser, Erde, Feuer und
Luft uns hineinholen in ein großes „Danke".
Miteinander schweigend unter dem Sternenhimmel unterwegs sein lässt uns mit unseren Füßen
beten. Schritt für Schritt können wir uns von
innen her aufrichten lassen.

Das Lied der leuchtenden Sterne führt Menschen
zusammen, damit ihr Lachen und Weinen auf-
gehoben ist im Himmel.

ABENDSTERN

Den Abendstern begrüßen
als heilende Entlastung
den Tag mit seiner Schönheit
und Härte lassen zu können

Den Abendstern begrüßen
als ermutigende Aufforderung
zum Ausklang des Tages
in Einklang mit sich selbst zu sein

Den Abendstern begrüßen
als tröstendes Licht
das uns mit Verstorbenen verbindet
die weiterhin mit uns sind – einfach anders

Den Abendstern begrüßen
als frohe Einladung
sich gehen zu lassen
im gesegneten Schlaf

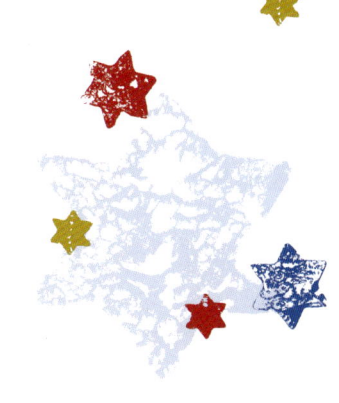

Weinender Stern

Wir setzen uns mit Tränen nieder …
C. F. Henrici / J. S. Bach

Du weinender Stern
schenkst uns die Erlaubnis
unsere Tränen fließen zu lassen
um die Härte des Todes aufzuweichen

Du weinender Stern
zeigst dich uns in unserer Empörung
die angesichts von schrecklicher Gewalt
unseren gewaltfreien Widerstand stärkt

Du weinender Stern
lässt uns intensivstes Leben erfahren
im zärtlichen Begleiten von Sterbenden
die den Schritt zur Ewigkeit erahnen

„Die Sonne lehrt alle Lebewesen die Sehnsucht nach dem Licht. Doch es ist die Nacht, die uns alle zu den Sternen erhebt", schreibt der libanesisch-amerikanische Dichter *Khalil Gibran* (1883–1991).

Ich entdecke in diesen Worten eine Spur, die mich wirklich Mensch sein lässt: bewohnt von einer unendlichen Sehnsucht nach Licht und herausgefordert, die Nacht, das Schwere, den Schmerz, die Unvollkommenheit anzunehmen und in mein Dasein einzubinden.

In unaufhaltsamen Stunden der Nacht, in denen ich selbst verzweifelt nach Sinn und nach Geborgenheit getastet habe, sind mir Sternstunden geschenkt worden. Erst im Nachhinein erkenne ich die heilende Kraft der Nacht, in deren Stunden das Göttliche in mir neu geboren wird.

Stern aus Betlehem

Den Stern aus Betlehem
sehen als Wegweiser
für einen Bewusstseinswandel
zu einem einfachen Lebensstil
der uns freier werden lässt

Den Stern aus Betlehem
erkennen als Orientierungspunkt
für faires Einkaufen
für ethische Geldanlagen
für gerechte Löhne

Den Stern aus Betlehem
entdecken als Hoffnungslicht
das uns inneren Frieden schenkt
weil wir endlich sein dürfen
verwundbar und kraftvoll

Den Stern aus Betlehem
feiern als göttliche Kraft
die jeden Menschen entlässt
zum staunenden Dasein
zum kraftvollen Handeln

Heilige Nacht

Meister Eckhart sieht in der Kunst der Leere die große Chance, das Ereignen Gottes in uns besser wahrnehmen zu können. Wörtlich spricht er von „Abgeschiedenheit" und von „ledig sein aller Dinge". Diese Worte dürfen nicht leib- und schöpfungsfeindlich missverstanden werden, denn derselbe Eckhart schreibt auch, dass „alle Dinge nach Gott schmecken". Der Geschmack unseres Lebens wird intensiver, wenn wir uns mitten im Alltag Ruhepausen können. Momente, in denen das Schöne noch mehr nachklingen kann und wir eine Distanz schaffen zum Mühsamen und Schweren. Die Weihnachtsgeschichte lädt uns zu einem Bewusstseinswandel ein, indem wir die Mitte am Rand entdecken. Wenn wir regelmäßig innehalten und leer werden, dann kann uns die Fülle der Liebe noch mehr bewohnen.

HEILENDE NACHT

Einander begegnen
in der heilenden Nacht
beim Essen und Trinken
dankbar das Leben
genießen und schätzen

Einander begegnen
im Dunkel der Nacht
ganz Ohr sein
für den Schmerz
der geteilt werden möchte

Einander begegnen
in der heiligen Nacht
den Christusstern sehen
als liebende Kraft
die neu in uns geboren wird

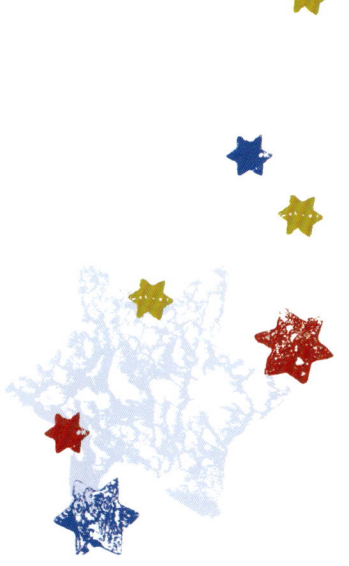

Weil Gott sich gebiert in uns

Weihnachten möchte unsere Existenz mit ihren wichtigen Lebensfragen verwandeln. Was möchte in dir neu geboren werden? Welche verborgenen Talente und Kräfte möchten sich noch mehr entfalten in deinem Leben?

Die Menschwerdung Gottes ereignet sich immer wieder in allen Menschen, die nicht an sich selber gebunden sind, sondern über sich selber hinauswachsen. Sie verwirklicht sich in allen, die immer wieder klein anfangen im Leben, um dadurch mit anderen Großes zu wagen: Frieden in Gerechtigkeit für alle Menschen. Der Mystiker und Dominikanermönch *Johannes Tauler* (1300–1361) hat in einer großen Lebenskrise die Kraft von Betlehem entdeckt. In seiner Weihnachtspredigt lässt er sich vom Propheten Jesaja inspirieren: „Ein Kind ist uns geboren, ein Sohn ist uns geschenkt ... er wird zu aller Zeit ohne Unterlass in uns geboren."

Weihnachten nährt unsere Hoffnung, dass wir uns alle immer wieder zum Guten verwandeln können, weil Gott sich gebiert in uns und wir dadurch geliebt sind, so wie wir in diesem Moment sind.

MEIN INNERES KIND

Mein inneres Kind
hält in seiner Hand
einen leuchtenden Stern
der mich verspielt sein lässt

Mein inneres Kind
nimmt mich an der Hand
begleitet mich zum Ort
meiner tiefen Verwundung

Mein inneres Kind
begleitet mich zum Stall in mir
zu meiner Lebenskraft und
zu meiner Verletzlichkeit

Mein inneres Kind
erinnert mich liebevoll
an die heilende Kraft
die durch mich fließt

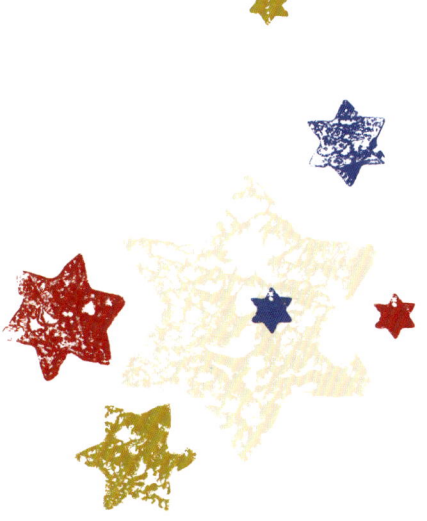

Segen fürs neue Jahr

Mache dich auf
im Vertrauen
mitten im Alltag
dem Stern folgen
zu können

Sei gesegnet
mit deinen Schätzen
die du dankbar
mit vielen anderen
teilen kannst

Trau deiner Intuition
lass dich nicht leben
verlass dich
auf deinen Hoffnungsstern
der dir Mitgefühl schenkt

Sei gesegnet
mit deiner Verletzlichkeit
die dir Nähe schenkt
zu vielen anderen
suchenden Menschen

Zum Autor:
Pierre Stutz ist einer der gefragtesten spirituellen Lehrer und Autoren unserer Zeit. Er inspiriert in Vorträgen und Kursen im gesamten deutschsprachigen Raum die Menschen zu einer geerdeten und befreienden Spiritualität. Schreiben ist für Pierre Stutz ein »feu sacré«, ein inneres Feuer. Die Kraft seiner Texte zieht er aus der christlichen Mystik und biblischen Quellen – aber auch aus der Überzeugung, dass Spiritualität dazu dient, zu befreien und zu weiten. Er lebt in Osnabrück.
www.pierrestutz.ch
Der kostenlose Newsletter von Pierre Stutz:
pierrestutz.ch/newsletter/

Zuletzt von Pierre Stutz im Verlag am Eschbach erschienen:
Bei sich selber zu Hause sein (70564)
Leben ist im Augenblick (70639)
Friedenslichter (70505)
Danke für alles (70472)
Du, mein Segen (70343)
Du bist ein Geschenk (70222)

Bildnachweis:
RudiErnst (Umschlag), Nadeene (S. 2/3), Andris Barbans (S. 10, 32), onsuda (S. 14/15), SKatzenberger (S. 18/19), sripfoto (S. 22/23), AMz-Photo (S. 28/29), Oleksandra Mykhailutsa (S. 38/39), alle shutterstock.

ISBN 978-3-86917-804-2
© 2020 Verlag am Eschbach
Verlagsgruppe Patmos in der Schwabenverlag AG, Ostfildern
Im Alten Rathaus/Hauptstraße 37
D-79427 Eschbach/Markgräflerland
Alle Rechte vorbehalten.

www.verlag-am-eschbach.de

Gesamtgestaltung: Angelika Kraut, Verlag am Eschbach
Kalligrafie: Ulli Wunsch, Wehr
Herstellung: Grafisches Centrum Cuno GmbH & Co. KG, Calbe
Hergestellt in Deutschland

Dieser Baum steht für umweltschonende Ressourcenverwendung, individuelle Handarbeit und sorgfältige Herstellung.